Ce livre n'a pas la vocation d'être un guide, juste un recueil de souvenirs sur ce beau village de Tende

Numéro du livre dans la collection : 3

Textes de Bernard Brunstein

© Bernard Brunstein pour les illustrations - http://peinturedebernard.over-blog.com/

ISBN : 9782322147540

Bernard Brunstein

Photos et textes de Bernard Brunstein

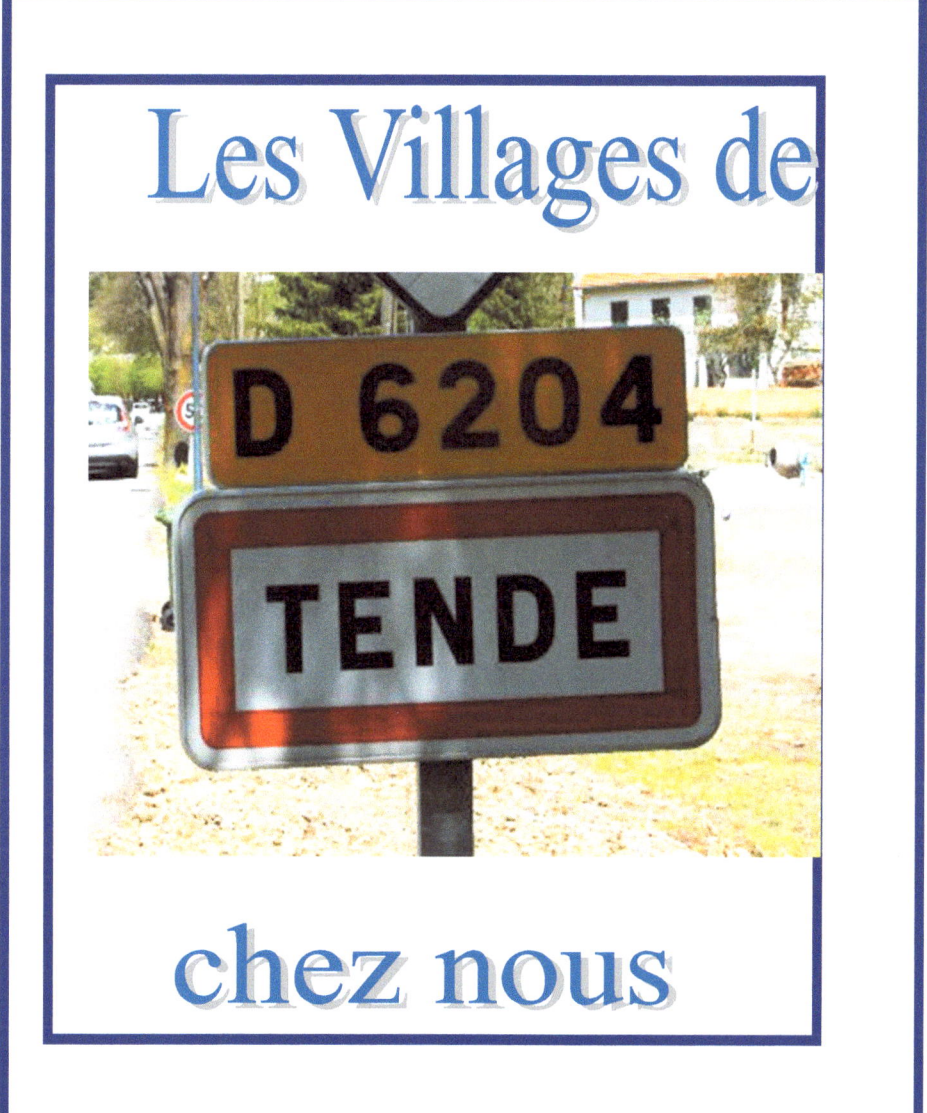

Tende

Comme un souffle, une bourrasque
Sur tes habitants, les tendasques
C'est en septembre 1947 à Paris
Que tu ne fus plus à l'Italie.

Est-ce ton testament
Ou le vœu de tes habitants?

Fini le conte, il était une fois
Tende et la Savoie.
Tes habitants ont renoncé
À leur langue et à leur passé.

Tu es la porte de la Vallée
Des Merveilles et de ses gravures
Sur ses sentiers, on part à l'aventure
À la conquête de ses sommets.

Tende, française depuis 1947, est intégrée dans le parc natio
du Mercantour, aux portes de la Vallée des Merveilles.

Invitation, vers les Merveilles...

Et pourtant tout reste privé.
« Fermez les portes, s'il vous plait ».

Ses ruelles vous entrainent dans une symphonie d'ombre et de lumière...

où seul l'initié trouvera sa route,
dans ce labyrinthe de voutes.

Les escaliers s'élèvent vers les cieux,
Et sur les portes, les gardiens figés attendent que quelqu'un toque pour vous dire d'entrer.

Au fronton
De chaque maison,
Ils affirment leur croyance,
Ils conjurent leur espérance.

IESUS, HOMO, SALVATOR « Jésus, Sauveur des hommes »

Les vieilles portes

Faites de planches et de clous,
Fermées par un simple verrou,
Que se cache-t-il derrière ces portes?
Des secrets, des amours, des regrets
Que le vent de l'histoire emporte
Au-delà vers la vallée.

Elles laissent passer le chat
Et lorsque le printemps revient,
Quelques fleurs blanches vous accueillent.

L'eau est présente dans tout le village. Elle s'écoule à travers un bestiaire ou un simple visage.

Linteaux et chambranles en schiste vert.

Collégiale Notre-Dame-de-l'Assomption
(XVIème siècle)

Son portail monumental est surmonté d'une rangée de treize saints.

Gardien dressé au dessus du village,
Qu'il fasse beau, qu'il fasse gris,
Tu protèges les habitants d'ici.

Magasins d'hier

C'est une maison bleue accrochée, comme toutes les maisons, au flanc de la colline.

Que reste-t-il de ton château d'antan?
Une tour qui marque le temps
Et un pan de mur pour ne pas oublier sa grandeur passé.

Reproduction du château (Généalogie de Tende, Alpes Maritimes) Intégration image B. Brunstein

Chapelle de l'Annonciation (XVIIème siècle)

Blason des Lascaris

Blason du Comte de Savoie

Ils reposent là, les anciens du village sous les ruines du château, dans leur dernier voyage.

Tende, camaïeu de gris et couleur ardoise,
Tu défies le temps qui passe.
Au sommet de ta tour, fièrement tu pavoises
Le drapeau des Lascaris aux emblèmes de rapace.

Musée archéologique de Tende

La vallée des merveilles

Gravures de la Vallée des Merveilles

Le chef de tribu

Le Christ

Le sorcier

Dans la même collection

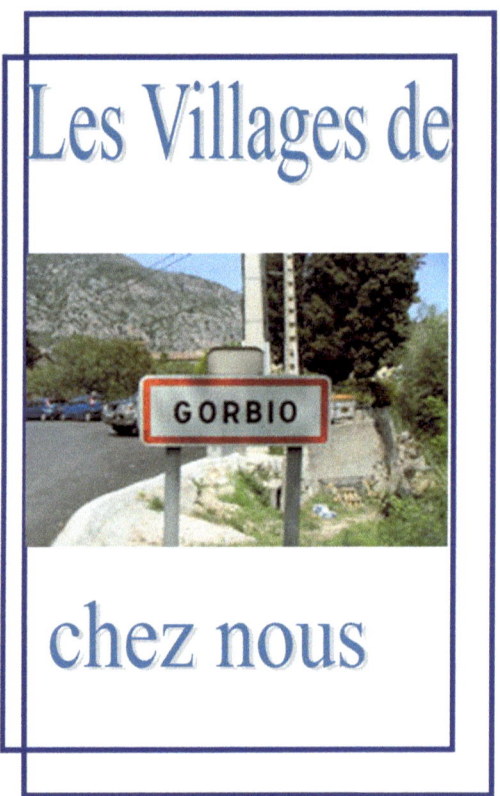

B Brunstein

Photos, textes de B Brunstein

Bernard Brunstein

Photos et textes de Bernard Brunstein

Editeur : BoD-Books on Demand, 12/14 rond point des Champs Élysées, 75008 Paris, France
Impression : BoD-Books on Demand, Norderstedt, Allemagne
ISBN :9782322147540
Dépôt légal : aout 2018